Humanismus

statt

Religionen

Gerhard Baierlein

AF188056

Impressum

Gerhard Baierlein

Humanismus statt Religionen

Bibliografische Information
der Deutschen Nationalbibliothek:
Die Deutsche Nationalbibliothek verzeichnet diese
Publikation in der Deutschen Nationalbibliografie; detaillierte bibliografische Daten sind im Internet über
http://dnb.dnb.de abrufbar.

Herstellung und Verlag: BoD – Books on Demand, Norderstedt

ISBN: 9783750498921

Inhaltsverzeichnis

Vorwort

Im dritten Teil meiner Trilogie über Religionen und Humanismus versuche ich, die signifikanten Unterschiede zwischen den beiden Weltanschauungen: **Religionen und Humanismus** darzustellen.

Da ich im Alter von ca. 14 Jahren, aufgrund von Ereignissen, welche ich nicht näher darlegen möchte, mich von der Kirche und damit der Religion abgewendet habe und Atheist geworden bin. Im Verlauf der vielen Jahre, welche ich jetzt auf dem Buckel habe, wurde ich zum überzeugten Humanisten und damit auch zum überzeugten Atheisten.

Warum Humanismus statt Religionen? Diese Frage kann man nicht mit einem Satz beantworten, da Humanismus ein weites Spektrum an Weltanschauung und Sichtweisen darstellt, welche im Vergleich zu Religionen einen absoluten Kontrapunkt darstellen. Dieser ist im Gegensatz zu Religion schon im Ansatz von einer anders gelagerten Denkart geprägt. Der Ansatz ist, im Unterschied zu allen Religionen, der Mensch als Individuum und nicht eine erdachte Gottesgestalt oder Idee.
Es sind doch immer die Reichen und Mächtigen, welche den Gottesblödsinn und die Religionsduselei hegen und pflegen.
Dies gehört entschieden zum Geschäft. Ja, es ist für die herrschenden und ausbeutenden Klassen geradezu eine

Lebensfrage, ob das Volk religiös versimpelt wird oder nicht. Mit dem Religionswahnsinn steht und fällt ihre Macht. Je mehr der Mensch an Religion hängt, desto mehr glaubt er, je mehr er glaubt, desto weniger weiß er, je weniger er weiß, desto dümmer ist er, je dümmer er ist, desto leichter kann er regiert werden.

Zitat aus dem Buch von Johann Most mit dem Titel <Die Gottespest>

Dieses Buch kann ich nur allen Menschen, vor allem, allen christlich erzogenen auf das Dringlichste ans Herz legen, wenn bei diesen noch ein Funke Verstand vorhanden ist. Geschrieben wurde dieses Buch 1887, daran sieht man, wie alt diese erkannten Probleme schon sind. Davon ausgehend steht der einzelne Mensch im Mittelpunkt des Humanismus und ist der Maßstab aller Dinge. Humanisten haben erkannt, dass einzig der Mensch die Verantwortung für diesen unseren Planeten hat und sonst nichts und niemand.

Keine Übernatürliche Macht, kein erdachtes Geistwesen kümmert sich um diesen kleinen Planeten, ein Staubkorn im nahezu unendlichen Universum, auf dem zufällig Leben entstanden ist, in Millionen von Jahren der Evolution. Humanisten haben eine realistische Sicht auf die Dinge des Seins und versuchen die Probleme der Erde und damit die der Menschheit mit Vernunft und Geduld zu lösen. Religionen haben, im Gegensatz dazu, unendlich viele Probleme geschaffen und tun dies auch heute noch.

Jeder echte Humanist ist in seinem Denken frei von religiösen Einflüssen und erkennt, dass diese nur ein

Hemmschuh auf dem Weg zur Freiheit und des Friedens unter den Menschen darstellt. Erst wenn die Menschheit diese Hürde überwunden hat, kann sie sich auf das Wesentliche zur Erhaltung unseres Planeten konzentrieren. Religionen spalten die Menschen nur in verschiedene Gruppen, von denen jede behauptet, sie hätte den wahren „Gott" und die einzig gültige Wahrheit für sich und alle erkannt.

Nun kann man einwenden, dass das auch der Humanismus von sich behauptet, aber es besteht da ein gravierender Unterschied zu den Intensionen der Religionen. Diese wollen mit allen Mitteln Macht generieren und möglichst auch Reichtum erwerben, so wie man es z.B. von den beiden Christlichen Kirchen kennt und gewohnt ist und Mittels ihrer Gotteserfindung auch bis jetzt durchgesetzt haben. Im Islam z.B. ist der gewaltsame Umgang mit den Menschen, die etwas mehr Freiheit fordern, noch heute das Mittel der Wahl. Der Islam ist noch geschätzte 200 Jahre von jeglicher Art Humanismus entfernt, da in diesen Ländern die Apostasie noch heute im einundzwanzigsten Jahrhundert die Todesstrafe als gerechte Strafe angesehen wird.
Mit derartig krassen Urteilen kann sich dieser Glaube nicht auf Dauer in den muslimischen Ländern halten, denn auch dort fangen die Menschen an, die Zustände zu hinterfragen und auf Dauer werden die Menschen in diesen Ländern auch nicht derartige Gesetze dulden. Unsere Welt wird aufgrund von immer mehr zunehmender Kommunikation immer enger miteinander verflochten

und kein Land kann sich für immer abschotten gegen den Einfluss der Vernunft.

Momentan haben die humanistischen Ideen noch einen schweren Stand, aber wenn die Menschen anhand unserer nicht nachlassenden Aufklärung über die Dinge des Lebens anfangen nachzudenken, habe ich Hoffnung, dass sich doch noch alles für die Menschheit zum Guten wendet.

Alles was in unserer Macht steht, werden wir Humanisten in die Waagschale werfen, um diesem Ziel nahe zu kommen. Dabei haben wir weder finanzielle, noch machtgierige Interessen. Humanismus fordert keinerlei Steuern oder Abgaben und bettelt auch nicht um Spenden. Jeder Humanist gibt aus freien Stücken das, was er geben kann, um die Kosten für Informationsmaterial auszugleichen. Eine Verpflichtung dazu besteht nicht. Das klingt jetzt alles sehr altruistisch, aber einen anderen Weg, um die Verhältnisse auf der Erde für alle zu verbessern, sehe ich persönlich nicht.

Nur wenn die Mehrheit der Menschen endlich erkennt, dass sie von sämtlichen Religionen und Sekten nur ausgenützt und belogen werden und das einzig für den Vorteil derjenigen, welche ihnen diese Lügengeschichten einreden, besteht die Chance sich von diesen Parasiten zu befreien.

Humanismus hat keinerlei Ambitionen es diesen Scharlatanen gleich zu tun, dieser zielt einzig und allein auf eine bessere Zukunft für die gesamte Menschheit ab, so dass wir alle davon nur Vorteile haben. Die Gelder welche z.B. hier in Deutschland an derartige Institutionen wie die beiden Kirchen, RKK und EKD, Jahr für Jahr verschwendet werden, könnten viele soziale Probleme bei uns im Lande schon lösen.

Dieses Prinzip gilt auch für sämtliche Staaten weltweit, die noch immer von den Mächten der Glaubensmafia regiert werden.

Vor ca. 400 Jahren hieß es in der RKK weltweit: Wer nicht an unseren Gott glaubt, der muss dran glauben. Da hat man gerne mal jemanden bei lebendigen Leib verbrannt, so wie z.B. Giordano Bruno im Jahre 1600 in Rom und Millionen anderer Menschen die sich nicht dem Kirchenterror beugen wollten. Im Islam gilt diese Drohung noch heute, da heißt es heute eben: Wer nicht an Allah glaubt, der muss dran glauben und so werden in der Jetztzeit im Islam Menschen hingerichtet, nur, weil diese nicht den restriktiven Glaubenssätzen folgen wollen.

Die Methoden der beiden Kirchen heute sind wesentlich subtiler, von Folter und Hinrichtung hat man Abstand genommen, aber mit Hilfe der glaubensaffinen Politiker in Europa, in Süd- und Mittelamerika und Afrika sind die Menschen noch immer in der Hand der Kirchen. Die Methoden der Kirchen an weitere Gläubige zu kommen sind äußerst fragwürdig. Dabei geht man an die Kinder im Vorschulalter heran und versucht diese da schon zu indoktrinieren und ihnen den Glauben an ein Übernatürliches Wesen einzureden und dies geschieht mit Hilfe der ebenfalls indoktrinierten Politiker in allen Staaten weltweit. Der Sinn des Ganzen ist, einen Machtblock über die dadurch unmündig gehaltenen Bürger aufrecht zu erhalten und jegliche Manipulation zu erhalten.

Die, seit dem Entstehen der Menschheit und bis zum heutigen Tag, erfundenen Gottheiten, welche NUR in den Köpfen der Menschen existierten und noch heute existieren, in welche diese von jenen Menschen eingehämmert wurden, die damit Macht über die Menschen und unermesslichen Reichtum erlangt haben. Diese Tatsachen sollten endlich von allen durchschaut werden.

Aber das sind nicht die einzigen Probleme an denen die Erde krankt. Ein grundlegendes Problem ist die Überbevölkerung. Diese muss als erstes reguliert werden, da die Ressourcen nicht endlos vorhanden sind und man nicht mehr verteilen kann als vorhanden ist.

Die Probleme weltweit sind allgegenwärtig und vielfältig. Eines der schlimmsten Probleme, momentan, ist die steigende Erderwärmung, welche menschengemacht ist und das aus Gründen kurzfristiger Gewinne, von verhältnismäßig wenigen Menschen, die in ihrer Habgier nicht gemerkt oder es ignoriert haben, wie ihr Verhalten den gesamten Erdball schädigt. Mit Lügen und Betrug haben diese dafür gesorgt, dass unser Atmosphäre vergiftet wurde und alle darunter leiden müssen.

Aber nicht nur die Atmosphäre ist geschädigt, sondern auch unsere Böden und unser Wasser sind kontaminiert.

Aber ich jammere hier auf hohem Niveau. In anderen Ländern, wie z.B. in Afrika oder Indien, verhungern die Menschen zu Tausenden auf Grund unseres Verhaltens in den Industrienationen. Dieses Verhalten ist absolut inhuman und menschenverachtend. Den Religionen sind diese Tatsachen völlig egal, da diese in unendlichem Reichtum leben und nicht bereit sind, auch nur einen Bruchteil davon zur Linderung der schlimmsten Armut abzugeben, geschweige denn sich zu engagieren für ein besseres Leben der Ärmsten der Armen. Damit sind auch die Kirchen und alle Glaubensvereinigungen im höchsten Maße inhuman und selbstsüchtig.

Auch unsere Politiker weltweit leben in Saus und Braus und kümmern sich kaum um die, welche nicht wissen, wovon sie ihre Familien ernähren sollen. Wir müssen uns nicht wundern, wenn diese Menschen massenweise auf der Flucht vor Hunger und Armut versuchen, in reichere Länder zu kommen um ein halbwegs erträgliches Leben zu erlangen. Humanismus, hat die Gleichstellung und Gleichberechtigung aller Menschen im Fokus und ist der Meinung, dass dies ein erreichbares Ziel ist. Selbst verständlich kann nicht jeder Millionär werden aber die krassen Wirtschaftlichen Unterschiede müssen überwunden werden, dies bedarf einer humanistischen Grundeinstellung der gesamten Menschheit, sodass alle ein lebenswertes Dasein haben und nicht von der Hand in den Mund leben müssen. Ich bin der festen Überzeugung, dass dies machbar ist und nur der Wille dazu da sein müsste.

Es ist kein Zufall, dass in den Ländern in denen Autokraten an der Macht sind, es die meisten Todesopfer durch die Corona-pandemie gibt.

In den USA regiert ein Herr Trump fernab der Realität zu seinem Volk und bewegt sich nur in seinesgleichen Kreisen, also in Milliardärs Kreisen, dabei hat er längst den Kontakt zu der Mehrheit seiner Mitbürger verloren und nicht bemerkt, dass es in seinem Land ein miserables Gesundheitswesen gibt. Die Pandemie hat er erst geleugnet, dann verharmlost und schließlich völlig ignoriert.

Ähnlich verhält sich sein Pendant in Südamerika, Herr Bolsonaro, dieser lässt rücksichtslos die Urwälder abholzen, ohne zu bedenken, dass diese die Lunge der gesamten Erde sind und das alles nur aus Profitgier. Wie es dabei den Einwohnern im Lande geht, ist diesem Menschen völlig egal.

Auch in Russland ist die Todesrate durch Covid 19 überproportional hoch, auch dort regiert ein Autokrat, der seinem Volk vorschreibt, was es zu tun und zu lassen hat. Humanismus ist für diese Leute ein absolutes Fremdwort.

Im Vereinigten Königreich regiert meiner Meinung nach ein Wirrkopf, der ähnliche Ansichten wie sein großes Vorbild Donald Trump vertritt. Auch dort ist aus diesem Grund die Sterberate in der Pandemie erschreckend hoch. Vermutlich ist auch in China eine größere Anzahl an Menschen daran verstorben als man zugibt, aber das werden wir nie erfahren, da sich das dortige Regime in Schweigen hüllt.

Bis in diesen Ländern einmal Humanismus gelebt wird, muss noch viel geschehen und wenn man sich so auf unserem Planeten umsieht, könnte man schier verzweifeln, über die vorhandene Ungerechtigkeit und das Elend, welches noch immer gegenwärtig ist.

Es gibt viel zu tun, um die Zustände zu verändern und zwar grundlegend. Das System muss verändert werden. Es macht keinen Sinn an den vorhandenen Symptomen herumzudoktern. Dazu müssen erst die Ursachen für das Fehlverhalten der Menschen geklärt werden.

Das wichtigste ist richtiges Denken, um richtig zu handeln. Wer schon von vornherein im Denkansatz egoistisch, also inhuman denkt, der wird nie ein für alle vorteilhaftes Ergebnis zustande bringen. Wenn nicht der Mensch Mittelpunk und Maß des Denkens ist, ist auch das Handeln auf Dauer zum Scheitern verurteilt.

Aus diesem Grund plädiere ich für weltweiten Humanismus anstelle von partiellen Egoismen.

Wie gesagt, falsches Denken - falsches Handeln, das fängt schon damit an: **wir** Deutsche, **wir** Amerikaner, **wir** Russen, **wir** Chinesen usw. Alle Menschen auf der Erde sind nicht mehr und nicht weniger als Menschen und sollten der Evolution dankbar sein, dass es uns gibt. Niemand soll seine Herkunft oder seine Nationalität verleugnen, diese sollte aber nicht an erster Stelle seines Denkens stehen, sondern eine nachgeordnete Rolle spielen. Dieselbe falsche Denkungsart findet man in allen Religionen, **wir** Muslime, **wir** Christen, **wir** Juden, **wir** Buddhisten, **wir** Hindus, usw.

Genauso sollte der jedem, von Geburt auf zugewiesene Glaube, nicht an erster Stelle stehen, sondern dieser sollte jedem sein privates Weltanschauungsbild sein und sich nicht dazu benutzen lassen, gegen Andersgläubige vorzugehen oder diese zu verachten.

Was weltweit unsere Wirtschaftslage betrifft, so sehe ich, dass dort Milliarden von Volksvermögen verschwendet werden für unnötige und absolut obsolete Dinge. Die weltweite Rüstungsindustrie scheffelt Unmengen Profite für Geräte, welche nur dem Zweck dienen, die Menschheit auszurotten. Das fängt bei Handfeuerwaffen an und geht über Panzer, Flugzeuge, U-Boote, bis zu Massenvernichtungswaffen, wie Atom und H-Bomben.

Und das alles nur, weil wir uns gegenseitig nicht vertrauen und jeder den anderen für den Schurken hält. Dabei fördert die Rüstungsindustrie mit Hilfe der Politiker dieses Gedankengebäude fleißig mit, um weiterhin Bomben-Geschäfte zu machen.

Wie lange wollen wir uns das noch gefallen lassen? Wird es nicht höchste Zeit, diesen Machenschaften die rote Karte zu zeigen und an Stelle der falschen Denkungsart den evolutionären Humanismus zu verbreiten, welcher sich gegen all die vorhandenen Missstände wendet und das ohne Waffengewalt, sondern nur mit der Kraft der Überzeugung und der Logik.

Die Menschheit sollte sich darauf besinnen, was sie wirklich braucht und alles Überflüssige als Auslaufmodell behandeln.

Wir brauchen KEINE Vielzahl von Religionen, die uns eh nur belügen, wir brauchen keine Rüstungsindustrien, deren Produkte uns nur bedrohen, wir lassen uns auch keine Feindbilder einreden, da diese NUR der Rüstungsindustrie nützen, aber für uns unnötige Verschwendung von Volksvermögen bedeutet.

Was wir wirklich dringendst brauchen sind Menschen mit klarem Verstand und der Fähigkeit, die Dinge so zu sehen, wie sie wirklich sind und diese sollten an den Schaltstellen der politischen Macht sitzen und mit Empathie und Humanismus dafür sorgen, dass sich die gravierenden Fehler der Vergangenheit nicht wiederholen und die Menschheit eine angstfreie Zukunft zu erwarten hat. Dies sind wir unseren Nachkommen schuldig, um nur einen Teil dessen zu tilgen, was wir der Menschheit bis dato angetan haben. Greta Thunberg wird diese, meine Zeilen, sicher gerne lesen.

Dass sich etwas ändern MUSS wird wohl jeder halbwegs intelligente Mensch einsehen, wir können so nicht weitermachen als wäre die Welt in Ordnung, dieser einzigartige Planet am Rande unserer kleinen Galaxie der mit 107.208 km pro Stunde um unser Zentralgestirn rast von dem er durchschnittlich ca. 149.600.000 km entfernt ist, ist vermutlich der einzige derartige Planet in unserer Galaxie, genannt Milchstraße.

Bis jetzt hat die Wissenschaft jedenfalls in unserer Galaxie noch keinen Planeten in einer habitablen Zone entdeckt, welcher Leben beherbergen könnte. Da unsere

Galaxie, genannt Milchstraße, eine relativ kleine Galaxie ist, im Vergleich zu den unzähligen Galaxien im Universum, besteht durchaus die Möglichkeit, beziehungsweise die Wahrscheinlichkeit, dass es dort mehrere erdähnliche Planeten gibt, auf denen sich Leben entwickelt hat. Ob wir diese jemals sehen werden, steht buchstäblich in den Sternen.

Aber wichtiger als die Suche danach ist m.E., dass wir unseren Planeten für die Menschheit weiter erhalten und besser noch, die Zustände darauf für alle erträglich machen. Davon sind wir leider weit entfernt.

Die Menschen, welche sich an den Status Quo klammern, müssen irgendwann einsehen, dass es so nicht weitergehen kann und wir uns damit immer tiefer in eine Sackgasse begeben. Fortschritt sollte immer etwas Besseres bewirken als der Status Quo, nur so nähern wir uns dem Ideal von einer gesunden, friedlichen Welt.

Dies sollte uns Motivation und Antrieb sein aus dem vorhandenen für alle, das beste zumachen.

Eine humanistische Weltanschauung ist dabei der beste Ratgeber. Diese sollte sich anstelle der vielen Religionen, welche uns nur spalten, weltweit durchsetzen, da diese nur auf den gesunden Menschenverstand und nicht auf ein erfundenes Geistwesen baut.

Kein Tier auf unserem Planeten macht so viele Fehler wie die „Krönung der Schöpfung", allein das sollte uns doch schon zu denken geben, oder haben sie schon einmal gehört, dass Tiere eine andere Spezies systematisch auszurotten versuchen, so wie es z.B. in der Geschichte der Menschheit schon mehrmals vorgekommen ist. Beispiel die Judenpogrome oder ethnischen Säuberungen im asiatischen Raum usw. nein, in dieser Hinsicht sind uns die Tiere überlegen, genauso wie im Umgang mit der Natur und deren Ressourcen. Wir sollten uns ein Beispiel nehmen am Verhalten und den Umgang der Tiere miteinander und der Umwelt. Natürlich töten auch Tiere, aber nur um selbst zu überleben, aber sie veranstalten keine Massenabschlachtungen, sowie es der Mensch im Laufe seiner Geschichte schon vielfach praktiziert hat. Dies alles sind die Gründe, weshalb ich für den Humanismus plädiere.

Der Humanismus ist keine Erfindung der Neuzeit, sondern eine Weltanschauung, die in Europa ihre Wurzeln schon in der griechisch-römischen Antike hat. Nähere Einzelheiten dazu kann ich leider nicht vermitteln, aber jeder der eine höhere Schulbildung genossen hat, weiß sicher mehr darüber. (Leider hatte ich nicht das Privileg einer höheren Schulbildung, wie Sie meiner Kurzbiographie auf den Buchumschlägen entnehmen können.) Nichtsdestotrotz bin ich sicher, dass die Wiege des Humanismus im alten Griechenland lag.

Menschen wie Sokrates, Aristoteles, Epikur, Platon, Heraklit, Diogenes… haben meines Erachtens ca. 550 vuZ. = vor unserer Zeitrechnung, die philosophischen Grundlagen für den Humanismus gelegt.

Schon damals stand der Mensch im Mittelpunkt dieser Weltanschauung und war Dreh- und Angelpunkt des Zusammenlebens der Menschen.

Diese Epoche dauerte ca. 1100 Jahre, von etwa 600 vuZ. bis ins 6. Jahrhundert n. Chr., als die letzten Neuplatoniker wirkten.

Dies fand überwiegend im antiken Griechenland und dem Römischen Reich statt.

Griechische Antike

Mit Sokrates beginnt die griechische Klassik (etwa 500-300 vuZ.) Sokrates Schüler Platon und dessen Schüler Aristoteles wurden zu den beiden wichtigsten und einflussreichsten Philosophen. (Näheres in Wikipedia).

Nach dem 6. Jahrhundert geriet in Europa der größte Teil der antiken Philosophie in Vergessenheit.

Jetzt kann man einwenden, die Griechen hatten doch auch ihre Götter. Ja, natürlich, aber diese sind längst ausgestorben, so wie es allen Göttern irgendwann geht.

Da wäre an erster Stelle **Zeus** zu nennen, über ihm standen nur die Moiren (Schicksal), denen er sich fügte. Zeus ist der Sohn des Titanenpaares Kronos und Rhea. Er wird oft mit Blitzbündel und Zepter abgebildet.

Hera, ist die Gattin, aber auch Schwester von Zeus. Somit ist sie ebenfalls ein Kind der Titanen Kronos und Rhea. Hera ist die Wächterin der ehelichen Sexualität und Schutzgöttin der Ehe und Niederkunft.

Hades Der Totengott und Herrscher über die Unterwelt, die auch Hades bezeichnet wurde. Hades ist ebenso ein Bruder des Zeus, oftmals wird er gemeinsam mit Kerberos dargestellt, dem mehrköpfigen Höllenhund, der den Eingang zur Unterwelt bewacht.

Hestia die jungfräuliche Göttin des Opferfeuers und der Familieneintracht sowie des Herdes. Im Gegensatz zu anderen Olympiern wird Hestia selten mit einem bestimmten Attribut dargestellt weshalb es teils schwierig ist sie eindeutig zu erkennen. Auch sie ist die Schwester von Zeus.

Poseidon ein weiterer Bruder von Zeus und der Gott des Meeres. Dort, in der Tiefe des Meeres steht ein kristallener Palast, den er bewohnt. Dargestellt wird Poseidon mit einem Dreizack auf einem Streitwagen stehend, den riesige Hippokampen ziehen.

Demeter ist die Göttin der Fruchtbarkeit, der Erde und des Ackerbaus. Sie ist eine Schwester des Göttervaters, hat jedoch eine gemeinsame Tochter (Persephone) mit ihm. Sie begegnet uns in verschiedenen Formen: als Jungfrau, Mutter oder alte Frau. Dargestellt wird sie meist mit einem goldenen Ährenkranz, Korb mit Pfirsichen oder Blumen, sowie einer kleinen Doppelaxt (Labrys) und Fackel.

Ares Ist der Gott des schrecklichen Krieges, des Blutbades und des Massakers. Er ist der Sohn von Hera und Zeus und wird meist mit einem Speer, Schild und Helm abgebildet und von einem Geier oder Hund begleitet. Er ist der Vater von Phobos und Deimos. Nach den beiden sind die Monde des Mars benannt, was so viel wie Angst und Schrecken heißt.

Hephaistos Ist der Gott des Feuers, der Vulkane und der Schmiedekunst sowie der Architektur. Hephaistos baut den Göttern ihre Paläste und schenkt den Menschen die Hausbaukunst. Er ist der Bruder des Ares und ebenfalls ein Sohn von Hera und Zeus. Seine Attribute sind der Hammer, eine Handwerkskappe (Pilos) und das Beil.

Hebe War der Mundschenk der Götter. Das bedeutet, dass sie den Göttern Nektar und Ambrosia brachte. Nachdem Herakles in den Olymp erhoben wurde, wurde sie seine Frau. Sie ist die Schwester von Ares und Hephaistos und somit die Tochter von Hera und Zeus.

Eileithyia ist die Göttin der Geburt und die Beschützerin gebärender Frauen. Sie ist ebenfalls eine Tochter des Zeus und der Hera.

Artemis ist die jungfräuliche Göttin der Jagd und des Mondes. Sie ist die Tochter des Göttervaters und der Titanin Leto. Artemis ist die Zwillingsschwester des Apollos. Sie trägt Pfeil und Bogen. Artemis wird oft mit Hirschkuh sowie einer Mondsichel dargestellt.

Apollon Ist der Gott der Poesie, der Heilung, des Frühlings und des Lichts. Weiterhin ist er der Gott der

Künste, insbesondere der Musik, der Dichtung und des Gesangs, sowie der Gott der Bogenschützen. Er ist der Zwillingsbruder Artemis und ein Sohn von Zeus und Leto.

Hermes Gott der Diebe, des Handels und der Reisenden. Außerdem ist Hermes der Götterbote. Er ging aus einer Verbindung zwischen Zeus und der Nymphe Maia hervor.
In bildlicher Darstellung kann man Hermes an seinen Flügelschuhen und der Flügelkappe erkennen. Er trägt den Hermesstab und mitunter einen Reisehut.

Athene Die Göttin der Weisheit, des Kampfes der Strategie, der Kunst, des Handwerks und der Handarbeit. Außerdem ist Sie die Schutzgöttin der Stadt Athen. Athene ist die Tochter des Zeus und der Metis, der ersten Geliebten des Göttervaters. Ihre Attribute sind Eule, Ölbaum, Helm, Speer, Schild, Schlange, sowie ein Schild auf dem Gorgonen abgebildet sind.

Aphrodite Göttin der Schönheit, der Liebe und der sinnlichen Begierde. Laut dem Dichter Homer ist sie Tochter von Zeus und Diane. Bei Hesiod ist sie die Tochter des Uranos, einem der vorolympischen Götter. Aphrodite ist die Gemahlin des Hephaistos.
Sie wird meist nackt dargestellt und ist mit Myrte, Apfel, Rose, Muschel, Taube oder Gürtel ausgestattet.

Dionysos Gott des Weines und der Ekstase. Sein Vater ist Zeus, seine Mutter ist entweder Demeter, Persephone, Lethe oder die sterbliche Lethe. Dionysos wurde erst später in den Olymp aufgenommen und wird mit Weinranke, Weintraube sowie einem Panther- oder Rehfell dargestellt.

Herakles Orakel-sowie Heilgott und Sohn des Zeus und der schönen Alkmene. Herakles war der größte Held des antiken Griechenlands und ist vor allem durch seine zwölf Heldentaten bekannt. Ähnlich wie Dionysos wurde er spät in den Olymp aufgenommen. Seine Attribute sind Löwenfell, Keule, Bogen und Köcher.

(Quellenangabe, Wikipedia)

Soviel zu den antiken griechischen Göttern, welche auch wieder in der Versenkung verschwanden und nur noch als literarische Figuren in Gebrauch sind, oder um Schüler in einem humanistischen Gymnasium zu langweilen.

Natürlich hat die Kirche in Griechenland die Lücken gefüllt und die dortigen Priester sind christlich geprägte orthodoxe Schwindler, welche die gleiche Motivation haben wie unsere beiden Kirchen, nämlich: Macht und Reichtum zu generieren.

Die Kirchen setzten anstelle der humanistischen Philosophie und der Weltanschauung, in welcher der Mensch im Mittelpunkt stand Ihre Gottheiten an erster Stelle und was daraus letztlich entstanden ist, können Sie meinen

21

beiden vorherigen Büchern entnehmen, vor allem dem Buch <Religionen die Sackgasse der Menschheit>.

Wäre es aus diesem Blickwinkel betrachtet nicht besser, wenn wir diesen überbordenden Machtapparat der Kirchen sukzessive abbauen würden und die frei werdenden Ressourcen für, den Menschen nützlichere Dinge, verwenden könnten.

Humanismus ist m.E. allen Glaubensrichtungen weit überlegen, da dieser nichts fordert und frei von jeglichen Dogmen ist.

Dieser tiefgreifende Umschwung in Richtung einer humanistischen Weltanschauung ist natürlich nicht ad hoc machbar und es bedarf sicher mehrerer Generationen, bis sich die Notwendigkeit der Vernunft durchsetzt, aber uns bleibt eigentlich keine andere Wahl, wenn diese Erde noch eine Zukunft haben soll. Diese Umstellung sollte nicht wie eine Revolution ablaufen, sondern in aller Ruhe und Vernunft.

Selbstverständlich werden die Befürworter aller Glaubensrichtungen sich vehement dagegen wehren, da sie ihre Pfründe schützen wollen, denn das ist letztlich das einzige, was diesen Leuten am Herzen liegt, sie haben sich derartig an das Ausüben von Gewalt und Macht gewöhnt, dass sie sicher nicht kampflos das Feld räumen werden.

Man muss sie einfach mental aushungern und ignorieren, weil mit Argumenten da nichts zu machen ist, diese prallen an ihnen ab, wie Pingpong Bälle, jedenfalls so lange wie unsere Politiker fest und treu zu den Kirchen stehen, entgegen dem Auftrag der Weimarer Verfassung und unseres Grundgesetzes wird sich ohne Druck der Mehrheit nichts wesentlich an der vorhandenen Situation ändern. Das größte Problem in dieser Sache ist vermutlich, dass die Bürger in Deutschland zu wenig über den wahren Sachverhalt im Lande aufgeklärt sind, was natürlich von Kirche und Politik wissentlich verhindert wird. Dies erfordert Maßnahmen von allen säkular eingestellten Vereinigungen mit Nachtruck für das Bekanntwerden der Fakten über die stillschweigenden Vereinbarungen von Kirche und Politik zu sorgen. Wir müssten unsere Kräfte bündeln in einem Dachverband, damit wir besser gehört werden, zum Wohle der Säkularisation und der Meinungsfreiheit in unserem Lande und auch weltweit.

Gerade jetzt, da uns die vorhandene Pandemie wachgerüttelt hat, müssten wir die Chance ergreifen zur Aufklärung der Menschen und Wege aufzeigen in eine bessere religionsfreie Zukunft.

Wenn diese Chance vertan wird, sehe ich schwarz für eine Welt der Menschenrechte auf unserem Globus.

Ein Patentrezept kann ich leider auch nicht geben, ich sehe nur wie die Menschheit unter der Geisel von Religionen leidet und bin der festen Überzeugung, dass dies mit gelebtem Humanismus ein Ende finden würde. Prinzipiell steckt in jedem Menschen der Wille, gut zu sein, aber die vorhandenen Umstände lassen da wenig Spielraum.

Es fällt auch vielen Menschen nicht leicht sich von Jahrhunderte alten Mythen und Traditionen zu trennen. Viele sind es auch nicht gewohnt, vermeintlich feststehende Tatsachen zu hinterfragen, aber dies ist in Zeiten, wie wir sie jetzt haben, unbedingt erforderlich.

Im Zeitalter des Internetzes hat fast jeder die Möglichkeit sich umfassend zu informieren und kann sich dann eine eigene Meinung bilden. Man muss nur in der Lage sein, zweckgebundenen Unsinn von faktischen Dingen zu unterscheiden.

Dass dies nicht einfach sein wird, ist mir klar, aber man sollte sich bemühen und alles hinterfragen, was nicht eindeutig verständlich ist. Jeder sollte sich nicht einseitige Bilder von der Welt machen lassen, sondern sich immer auch alternative Meinungen anschauen und dann eine Entscheidung treffen, mit der Prämisse, ist das gut für die Allgemeinheit oder führt dies wieder zu Zerwürfnissen. Egoistische Einzelinteressen sind meist von Nachteil für die Gesamtheit. Wenn ihr nicht sicher seid, wie ihre euch entscheiden sollt, dann sprecht mit Menschen eures Vertrauens, das sollte aber nicht unbedingt ein Pfarrer sein, da dieser bereits eine voreingenommene Sicht auf die Welt hat und dessen Weltanschauung nicht neutral ist, sondern machtorientiert.

Ich weiß, bei so viel Schrott der momentan im Netz kursiert, ist es nicht immer einfach zu selektieren, was gut und nützlich ist oder nur Sensationsmache oder Hetze.

Meiner Meinung nach sind alle Gläubigen, egal welcher Religion, welcher Sekte oder Glaubensrichtung sie angehören, nicht in der Lage objektiv und rational zu denken.

Vermutlich waren sie es schon von klein auf nicht, oder wurden derartig indoktriniert, dass sie diese Fähigkeit nicht entwickeln konnten. Heute sind diese Menschen derartig gefangen in ihrer Glaubenswelt, dass sie a priori keine andere Meinung mehr zulassen, geschweige denn sich diese anhören oder auch darüber nachzudenken in der Lage sind. Jede Religion ist vom Ansatz her eine Massenpsychose und verhindert ein selbstständiges Denken über die Dinge des persönlichen, sowie des gesamt menschlichen Lebens.

Wenn der Kopf voll ist von sinnlosem Schwachsinn, dann sieht man den Wald vor lauter Bäumen nicht mehr. Genau das ist es, was alle Religionen brauchen für ihre Zwecke, um die Menschen zu manipulieren nach Gutdünken.

Humanismus geht da einen völlig anderen Weg, dieser setzt mündige Bürger und gefestigte Charaktere voraus, die genau WISSEN was für die Erde und die Menschen wichtig und richtig ist. Das Schulfach Humanismus wäre das einzig richtige und wichtige Fach in den Schulen weltweit, anstelle von zig Religionsfächern, welche nur spalten, anstatt die Menschheit zu vereinen. Da wir alle nur diesen einen Planeten haben, sollten wir diesen auch gemeinsam zu einem lebenswerten Ort machen, ohne Wenn und Aber.

Dieser humanistische (menschenbezogene) Denkansatz ist m.E. der beste und richtige Weg, um diese Erde zu erhalten, solange es sie noch gibt.

Über die Gräueltaten der Kirchen, seit ihrem Bestehen, bis in das neunzehnte Jahrhundert, habe ich in meinem

Buch <Religionen die Sackgasse der Menschheit> ausführlich geschrieben, dazu bedarf es keiner weiteren Er-
läuterung. Von derartigem Gräuel haben die Kirchen
jetzt Abstand genommen, zumindest in Europa.

Was die Religion in islamischen Staaten betrifft, so werden dort noch heute Ungläubige oder vom Glauben ab-
gefallene Menschen öffentlich hingerichtet. Dies ist auf
Dauer kein vernünftiger Weg, die Menschen mit dem
Glauben an ein erfundenes Geisterwesen, wie es Gott,
Allah oder Jesus darstellt zu binden. Dieser mittelalterli-
che Glaube muss der Vernunft und dem belegbaren Wissen weichen.

Der einzig sinnvolle Glaube ist m.M.n. der Glaube an
sich selbst und die eigene Kreativität, sowie der Glaube
an die Vernunft und Kreativität der Menschheit als Gan-
zes. Der Weg dahin ist steinig, weil einem von Leuten
mit partikularen Interessen viele Steine in den Weg gelegt werden. Diese gilt es beiseite zu räumen, mit den
Mitteln der Vernunft und der Aufklärung.

Es sollte doch das Ziel der gesamten Menschheit sein,
auf diesem kleinen Planeten ohne Angst und ohne Armut
leben zu können. Dies ist das langfristige Ziel des Humanismus, ohne jegliche Hintergedanken.

Religionen vs. Humanismus

Religion hat alle positiven Aspekte, zu denen Menschen fähig sind, übernommen und diese sich angeeignet, so wie sie sich vieles, was an Menschen gut ist auf ihre Fahnen geschrieben haben.

Die Priester wissen längst, dass schon zweijährige Kinder Empathie fähig sind und haben diese Tatsache ausgenützt, den Kindern zu erzählen, dies sei von Gott gekommen und nur durch Gott sind die Kinder in der Lage, gut zu sein. Mit diesem üblen Trick wurde, der Menschheit die Religion übergestülpt. Alles, was der Mensch von Natur aus an Humanität mit in die Wiege gelegt bekommen hatte, wurde von den Kirchen als Gottesgabe ausgegeben. Im Grunde wissen alle Kirchenvertreter, dass der Humanismus die natürliche Veranlagung der Menschheit ist, aber diese wird von den Kirchen nur für deren Zwecke benutzt. Was deren Zwecke sind, muss ich nicht ständig wiederholen.

Demzufolge sind uns allen Empathie, Ethik, Menschenwürde, Freiheitsliebe von Natur aus gegeben, aber von Demagogen aus Politik und Religionen genommen worden.

Es liegt an uns, diesen natürlichen Zustand wiederherzustellen, dazu benötigen wir Politiker, welche nicht nur national denken, sondern global.

Was die Religionen betrifft, so sind diese m.E. obsolet, nach dem Motto, wer nur glaubt, der kann nichts wissen. Im Prinzip hätten wir in Deutschland eigentlich fähige

Politiker, wenn diese aus dem **C** ein **H** machen würden, dies würde schon viele finanzielle Ressourcen freimachen für dringend notwendige Veränderungen im Lande und die längst überfällige Trennung, von den parasitären Kirchen, wäre ein Befreiungsschlag für alle, welche längst aus der Kirche austreten wollen, was aber von den Kirchen mit Mitteln der Erpressung verhindert wird. Aus diesem Blickwinkel betrachtet, ist Humanismus weiter nichts als das ganz normale Verhalten und Empfinden der Menschen, nur ohne die massenhaften Probleme, welche durch die Religionen weltweit entstanden sind und noch immer bestehen.

Da aber durch die viele Jahrhunderte dauernde Indoktrination der Menschen, durch die Religionen aller Couleur, die menschlichen Gehirne derart verbogen wurden, dass diese Religionen als Wahrheit empfunden wurden, ist es äußerst schwer, diesen Zustand wieder geradezu rücken.

Kein Mensch auf diesem Planeten braucht für sein Leben wirklich einen von anderen Menschen erfundenen „Gott" und wenn es in der Realität keinen Gott gibt, dann gibt es ebenso keinen erfundenen „Teufel".

Diese Gestalten wurden einzig von den Leuten erfunden, die damit Macht über die anderen Menschen bekommen haben und damit auch unermesslichen Reichtum ansammelten. Bis zum heutigen Tag horten diese Leute Vermögenswerte, welche der Allgemeinheit an allen Ecken und Enden fehlen. Mit allen Mitteln versuchen diese auch ihre absonderlichen Geschichten und Märchen aufrecht zu erhalten und den Menschen Angst und Hoffnung einzureden. Angst vor der ewigen Verdammnis in der sogenannten „Hölle" und Hoffnung auf ein ewiges Leben im sogenannten „Paradies".

All das ist erstunken und erlogen und mit nichts belegbar oder auch nur einem Hauch von Beweisen untermauert.

Was dagegen den Humanismus betrifft, so ist dieser gelebte Wirklichkeit von vielen Menschen rund um den Globus, welche aus der relativ kurzen Zeit ihres Lebens, bemüht sind, Positives für sich und andere zu machen. Nur diese Lebenseinstellung und Einsicht kann auf Dauer die Zustände auf diesem Planeten verändern.

Jeder überzeugte Humanist ist ein Gewinn für die Menschheit und sollte letztendlich alle mit Zwang arbeitenden Religionen ablösen, nur so sehe ich eine Chance, dass die Zukunft gesichert werden kann.

Jeder Humanist ist auch ein Verfechter für den Umweltschutz, für Menschenrechte, wie die Gleichstellung von Mann und Frau oder für sexuelle Gleichstellung aller Spielarten. Jeder Humanist kämpft ebenso für das Einhalten von vernünftigen Gesetzen, wie z.B. unseres Grundgesetzes und der damit verbundenen realen Umsetzung desselben.

Dass auf unserer Erde vieles im Argen liegt, ist offensichtlich und solange es Länder gibt, in denen die Menschen zu Tausenden verhungern oder für kleinste Vergehen drakonisch bestraft werden oder weil sie nicht an diesen erfundenen „Gott" glauben, dies mit ihrem Leben bezahlen müssen, solange wird es Menschen wie uns

29

Humanisten geben, die ihre Finger auf die Wunden der Systeme legen.

Obgleich es uns hier in Europa, gemessen an anderen Ländern, relativ gut geht, sind wir doch in der Verpflichtung, uns um die Missstände weltweit zu kümmern, so wie es viele Organisationen weltweit täglich tun, wie z.B. Greenpeace und viele andere. Auch Humanistische Vereinigungen sind bereits weltweit in Aktion und versuchen die Politik in humanistische Bahnen zu lenken, was für alle von Vorteil wäre. Auf Dauer kommt die Welt an einer grundlegenden Veränderung nicht vorbei. Leider muss ich feststellen, dass dies mit den derzeitigen Regierungen und Machthabern auf unserem Globus nicht funktionieren wird.

Die Politiker, die unsere Erde braucht, müssen in der Lage sein, global zu denken und auch so zu handeln. Reden verändern nichts, nur Taten.

Jeder Staat, weltweit, der sich in naher Zukunft nicht an den Regeln des Humanismus orientiert, muss sich nicht wundern, wenn dort vermehrt Unruhen und Gewaltdemos stattfinden. Die Anzeichen dafür mehren sich bereits rund um den Globus und das ist ein Alarmsignal, welches nicht ignoriert werden sollte.

Den uralten Traum der Menschheit, von einer Welt in Frieden und ohne Kriege wird man wohl noch lange träumen müssen, aber er sollte dennoch das Ziel von uns allen sein.

Warum sollten wir es nicht schaffen dies zu erreichen, man müsste nur dafür sorgen, dass nicht weiterhin von den von uns erarbeiteten Steuern, Rüstungsgüter in Milliarden Höhe angeschafft werden und das in allen Industrienationen. Wenn dann kein Land mehr Waffen besitzt, warum sollte man dann mit Knüppeln aufeinander losgehen, wenn dieser friedliche Zustand erreicht wurde.

Wir könnten dann unsere ganze Kraft und Ressourcen für den Erhalt unseres Planeten einsetzen und eventuell uns nach der Möglichkeit einer zweiten Erde umsehen.

Da diese unsere Erde nicht ewig existiert, müssten wir einen Weg finden, der Sonnennova zu entgehen. Ich weiß, das sind jetzt nur Zukunftsvisionen, aber ohne Visionen gibt es keinen Fortschritt, fragen Sie Prof. Harald Lesch.

Mein persönlicher Traum wäre, dass alle Kirchen und Moscheen also alle „Gotteshäuser" zu Museen oder Gaststätten und ähnliches gemacht würden. Ein erster Schritt dazu wäre, treten Sie aus der Kirche aus, verweigern Sie es Ihre Kinder zu taufen, heiraten Sie nicht kirchlich und unterstützen Sie keine kirchlichen Aktionen mit Spenden, denn diese werden nie zu dem angegebenen Zweck verwendet, sondern landen im allgemeinen Topf des Kirchenreichtums. Damit entziehen Sie den Kirchen a priori die Möglichkeit der Einflussnahme auf Ihr Leben und das Ihrer Kinder.

So kann jeder frei von religiösen Zwängen sein Leben nach humanistischen, also menschlichen Gesichtspunkten gestalten und leben.

Viele der oben beschriebenen Dinge sind sowieso oft nur aus Gründen der Tradition erfolgt, leider ist damit aber immer der nachteilige Aspekt verbunden, dass man die Kirchen damit stärkt und diese das dann gegen uns benutzen kann, z.B. damit, dass niemand der in kirchlichen Einrichtungen tätig ist, aus der Kirche austreten kann, ohne Repressalien befürchten zu müssen.

Zurück zur Realität:

Dass auf unserem Planeten vieles im Argen liegt und dringlichster Handlungsbedarf besteht, kann wohl niemand abstreiten.

Wer jeden Tag die weltweiten Nachrichten verfolgt und über die wichtigsten Themen die Talkshows aufmerksam beobachtet, der ist bestens informiert über die Zustände in der Welt. Keiner kann sagen, das habe ich nicht gewusst, jeder hat die Möglichkeit, sich zu informieren, es sei denn der Egoismus hat die Oberhand oder Dessinteresse aus Gründen der Bequemlichkeit verhindert eine Anteilnahme.

Diese beschriebenen Egoismen können wir uns aber nicht mehr leisten. Es wird höchste Zeit, aus dem „heile Welt Traum" aufzuwachen und sich den Tatsachen zu stellen. Im Grunde weiß doch so ziemlich jeder schon, dass wir, wenn wir so weitermachen, keine Überlebenschance auf dem dann unwiederbringlich zerstörten Planeten haben. Das wissen auch die Kirchenvertreter aller Religionen und benutzen dies, um uns mit der Apokalypse zu drohen, diese ist dann aber nicht von Gott gesandt, sondern von dummen und habgierigen Menschen gemacht und dazu zähle ich auch alle Priester, vom Papst bis zum Imam, vom Popen bis zum Buddha.

Alle Religionen weltweit, sowie alle autokratischen Politiker hindern die Menschheit daran, sich zukunftsorientiert zu verwirklichen und aus unserem Planeten das zu machen, was uns wirklich nützt.

Es nützt uns Bürgern in Deutschland absolut nichts, dass in unseren Gesetzen noch immer ein erfundenes Geistwesen vorhanden ist und unsere Volksvertreter einen Eid auf dieses leisten.

Ebenso ist es eine Schande für unsere Demokratie, dass in unserem Strafgesetzbuch unter § 166 Blasphemie als Straftat eingestuft ist.

Ein „Gott" hat in einer Demokratie nichts verloren und solange unsere Politiker mit Gott argumentieren, haben wir nicht wirklich Demokratie. Mit anderen Worten, es wird Politik gemacht gegen den Willen des Volkes. Da in absehbarer Zeit mehr als die Hälfte der Menschen in Deutschland sich von den verlogenen Kirchen abwenden und auch nicht mehr Willens sind, weiterhin von einem unsichtbaren und nur zum Zweck der Unterdrückung erfundenen Geistwesen, in jeder Hinsicht, Tribut zu zahlen, ist eine grundlegende Reform der bestehenden Zustände dringendst erforderlich.

Soviel zu den Erfordernissen in unserem Land, da in anderen Ländern ähnliche oder sogar schlimmere Zustände herrschen, sollten sich die Bürger in diesen Ländern ebenfalls dagegen zur Wehr setzen, um ein weltweit einheitliches Politikklima herzustellen.

Übrigens zum Thema Klima, auch da besteht dringlichster Handlungsbedarf. Dass sich im Verhalten der Menschen und der Industrie grundlegend etwas ändern muss, liegt auf der Hand.

So wie bisher können und wollen wir nicht weitermachen, da aber unsere Politiker wieder einmal vor der Industrie eingeknickt sind, wird eine tiefgreifende Veränderung der bestehenden Missstände noch lange auf sich warten lassen. Vermutlich müssen WIR mehr Druck ausüben, bevor das ganze Problem wieder verwässert wird und es dann irgendwann zu spät ist, das Ruder noch herum zu reißen.

Zu diesem Thema gibt es leider sehr viele Baustellen, das beginnt bei der Massentierhaltung über die Verschmutzung der Luft und der Meere, bis zur Medienverschmutzung durch Fakenews und andere Schmierereien. Der schlimmste Aspekt momentan ist die rasant ansteigende Erderwärmung mit der Gefahr des Auftauens von Permafrost, welches katastrophale Folgen mit sich bringt. Diese Katastrophen würde, mit Sicherheit kein Mensch und auch ein Großteil der Tierwelt nicht überleben.

Für die Kirchen ist dies Wasser auf ihre (Gebets-) Mühlen, denn diese erwarten dann wieder, einen Zustrom verängstigter Kirchgänger und betende auf Knien rutschende Menschen, als ob dies irgendetwas verändern würde.

Kirche hat, seit Ihrem Bestehen, noch nie etwas, auch nur annähernd, Positives bewirkt FÜR die Menschheit, sondern immer nur für die Kirchen. Es sei denn, man betrachtet die Dezimierung der Menschheit in allen bisher, durch die tatkräftige Mitwirkung der Kirchen, veranstalteten Kriege als eine positive Sache.

Kirchen sind weltweit, der Staat im Staate und damit eine absolut überflüssige Machteinrichtung, welche nur von unserem Bruttosozialprodukt wie die bekannte Made im Speck lebt, also einen parasitären Charakter besitzt. Schon die Erkenntnis dieser Tatsache ist ein Schritt für die Zukunft, denn ohne diese unproduktiven Vereine könnten wir uns auf das Wesentliche konzentrieren.

Nach zweitausend Jahren des vergeblichen Betens und Gott Lobpreisens muss doch auch der Dümmste merken, dass das alles keinen Zweck hat und damit vergebliche Mühe ist. Diejenigen Menschen, welche in einer Notsituation vermeintlich durch ein Gebet, Hilfe erhalten haben, wissen nicht, dass diese auf dem Placebo-Effekt zurückzuführen, also nur Selbstsuggestion ist und mit einer übernatürlichen Macht absolut nichts zu tun hat.

Leider ist da die Gehirnwäsche durch Indoktrination, als Hemmschwelle der Erkenntnis, solcher Phänomene im Wege.

Humanismus, wie er heute verstanden wird, orientiert sich nicht an dem Humanismus der Antike oder des 19. Jahrhunderts, sondern versteht sich als ein gesellschaftliches Programm, das zur Bewältigung gegenwärtiger Herausforderungen und der Gestaltung der Zukunft dienen soll. Die neuen Ansätze treten nicht nur als individualphilosophische Ausprägung, sondern auch in Form breiter Strömungen in Erscheinung. Meine Sicht dazu ist primär die Orientierung an dem Menschen, als Dreh und Angelpunkt allen Seins, mit dem Wissen um die Tatsache, dass die Tierwelt ohne die Menschen auskommen würde, aber der Mensch voraussichtlich nicht ohne Tiere.

Da der Mensch genetisch vom Tier abstammt unterscheidet uns eigentlich nur eines vom Tier, nämlich die Fähigkeit der Menschen, auf vielfältige Weise zu kommunizieren. Dies ist meines Erachtens Segen und Fluch gleichzeitig, da es die damit verbundene Möglichkeit des Missverständnisses in sich trägt.

(Ausführliche Informationen über Humanismus in Wikipedia)

Religionen, wie sich diese im Verlauf ihrer Geschichte darstellen, kann ich beim besten Willen keinerlei positive Aspekte zusprechen. Ich sehe nur, dass sich Religionen immer an die Machthaber angepasst haben und dies noch immer tun, um auch selbst Macht zu bekommen. Ohne Religionen wären vermutlich keine Kriege machbar, denn ohne das ständige einreden der jungen Menschen, von einem Leben nach dem Tod, im Paradies, wäre es nicht so leicht diese zum Heldentot zu bewegen. Darauf basiert der leichtfertige Umgang mit dem Leben der Soldaten. Wie schon eingangs erwähnt, wäre eine Welt ohne Waffen und damit auch ohne Soldaten überaus erstrebenswert.

Dass die Kirchen sich dagegen vehement zur Wehr setzen, ist verständlich, da dies ja ein Teil ihrer Existenz rechtfertigten sollte.

Was die Menschheit wirklich braucht, sind Politiker und Philosophen die nach humanistischen Gesichtspunkten die Geschicke der Länder und damit der gesamten Erde zu lenken in der Lage sind.

Egoismen, Machtgelüste, Nationalismus, Religionswahn, Geltungssucht und dergleichen negative Eigenschaften von Staatsmännern oder Religionsführern gehören auf den Müllhaufen der Geschichte.

Es ist allerhöchste Zeit, dass auf diesem Globus pragmatische Vernunft einkehrt.

Bestandsaufnahme

Vorab ein Satz von Mark Twain, es ist leichter die Menschen zu betrügen, als sie davon zu überzeugen, dass sie betrogen werden.

Wir werden belogen und betrogen von der 1. Autoindustrie, 2. der Pharmaindustrie, 3. der Lebensmittelindustrie, 4. der Elektroindustrie, 5. der Bekleidungsindustrie, 6. der Mineralölindustrie, 7. der Energieindustrie, sowie 8. den Kirchen und dem Staat, dies alles mit Wissen unserer sogenannten „Volksvertreter", welche eifrig daran mitarbeiten, dass die Reichen immer reicher und die Armen immer ärmer werden.

Wie ist es möglich, dass in einem angeblich säkularen Staat jährlich zweistellige Milliardenbeträge von unseren erarbeiteten Steueraufkommen, auch von Konfessionsfreien, neben der Kirchensteuer an die Kirchen als Subventionen fließen. Ich halte diese Tatsache für ein „himmelschreiendes" Unrecht und Hohn gegenüber den Ärmsten im Lande.

Als Gegenleistung für ca. 10 Milliarden Kirchensteuer und 19 Milliarden Subventionen, wird uns von den Kirchen dafür längst erwiesener Schwachsinn aus der Bibel, dem Märchenbuch der Bücher, ständig wiederholt, bis auch der letzte indoktriniert ist.

Warum duldet unser Staat, dass die Kinder schon im Kindergarten und dann in der Grundschule mit diesem Unsinn vollgestopft werden? Ich finde, dass diese ein Recht auf physische und psychische Unversehrtheit haben so wie es das Menschenrecht vorschreibt. Stattdessen werden sie von ihren „Erziehern" missbraucht und gequält. In ihre Köpfe wird der alte biblische Schwachsinn eingehämmert, so dass sie dort keinen Platz mehr für freies Denken entwickeln können. Dahinter steckt eindeutig die Absicht, weiterhin unmündige Bürger zu erziehen, um den Machterhalt der Kirchen aller Konfessionen zu erhalten. Darin sind sich alle Religionsvertreter einig, ob Katholiken, Protestanten, Juden, Moslems, Hindus, Buddhisten oder was es sonst noch alles an Glaubensspinnern gibt.

Es wird höchste Zeit, mit all diesen Missständen aufzuräumen und ein für alle Menschen erträgliches Leben zu ermöglichen und das ohne Gewalt, sondern mit der Macht der Vernunft.

Die Gläubigen **aller** Religionen sollten endlich erkennen, dass sie von ihren Predigern in die falsche Richtung geführt werden und dies ihren Predigern klarmachen. Dies wäre der erste und wichtigste Schritt in Richtung einer humanen und gerechten Welt. Nutzt die verbleibende Zeit!

Zu 1.) Die Automobilindustrie belügt und betrügt uns beim Thema Kraftstoffverbrauch, beim Thema Schadstoffbelastung der Umwelt, sowie mit Preis- und anderen Absprachen, doch von den immensen Gewinnen, welche dadurch erzielt werden, bekommen die Arbeiter in den Fabriken kaum etwas ab, denn diese werden innerhalb des Managements verteilt.

Und ich gehe davon aus, dass auch die zuständigen Politiker davon partizipieren.

Zu 2.) Die Pharmaindustrie: Auch hier herrscht das gleiche Prinzip wie in jeder Industrie, europaweit die höchsten Preise durch Preisabsprachen und Bestechung der rezepte-verordnenden Ärzte.

Zu 3.) Die Lebensmittelindustrie: Es wird immer mehr Verpackungsmüll produziert, mit immer weniger Inhalt, zu ständig steigenden Preisen. Auf gesundheitsschädliche Inhalte wird keine Rücksicht genommen, nur in extremen Fällen werden Lebensmittel aus dem Verkehr gezogen. Aber auch hier sehen unsere Politiker keinerlei Handlungsbedarf.

Zu 4.) Die Elektroindustrie: Diese suggeriert uns, dass wir all den Elektroschrott unbedingt brauchen, da wir sonst nicht „In" sind. Zudem werden diese Geräte so konzipiert, dass diese ziemlich genau am Tag des Garantieablaufs kaputtgehen und wir ein neues brauchen. (spitzen Ingenieureleistung).

Zu 5.) Die Bekleidungsindustrie: Deren Produkt-Qualität immer schlechter wird, im Gegensatz zu deren Preisen, welche ständig nach oben gehen.
Dies kann nicht weiter verwundern, da die meisten Bekleidungsstücke in Ländern, wie z.B. Bangladesch oder ähnlich armen Gebieten zu niedrigsten Löhnen produziert wurden und bei uns zu völlig überzogenen Preisen in den teuersten Modeshops angeboten und auch gekauft werden.
Es gibt bei uns auch Billiganbieter von Bekleidung und Wäsche, aber diese ist dann qualitativ so minderwertig und zudem mit allen möglichen Schadstoffen belastet und somit auch nicht empfehlenswert.

Zu 6.) Die Energieindustrie: Das Chaos in diesem Bereich ist kaum noch zu überbieten, Kernenergie, Kohleenergie, Wasserkraftwerke, Windenergie, Solarenergie. Ein konzeptloses durcheinander der verschiedensten Interessen und Lobbys, welches eine klare Struktur verhindert und den Verbraucher verwirrt und hilflos allein lässt. Von der daraus entstehenden finanziellen Belastung für alle, die dadurch entsteht, ganz zu schweigen, da dieser Industriezweig ständig mit Milliarden von Steuergeldern subventioniert werden muss.

Zu 8.) Die Kirchen: Ein unerschöpfliches Thema, voll von sinnloser Steuergeld-Verschwendung und menschenverachtender Ignoranz und längst überfälliger Reformbedürftigkeit.
Ob wir wollen oder nicht, wir finanzieren eine große Zahl von arbeitsscheuen und teilweise perversen Schmarotzern, vom gesamt Steueraufkommen mit.
Die vielen Fälle von Kindesmissbrauch in den kirchlichen Einrichtungen und deren Vertuschung durch die Kirchen, zeigt doch deutlich, welche Art von Menschen sich unter dem Deckmantel des Glaubens verstecken.
Diese Leute werden nicht nur von uns allen, auch von Konfessionsfreien, fürstlich belohnt für ihre Schandtaten, sondern werden von vielen dazu auch noch hofiert, was sich meinem Verständnis völlig entzieht.
Da wir aber in Deutschland zwei Parteien mit dem **C** im Logo an der Regierung haben, ist es nicht weiter verwunderlich, dass diese die Belange der Kirchen weiterhin erfüllen, obgleich dieses Verhalten grundgesetzwidrig ist.
Es muss endlich der Mut gefunden werden, sich von derartigen Weltanschauungen zu distanzieren und den Menschen in unserem Land, sowie auf der gesamten Erde, eine realistische Perspektive für die Zukunft zu schaffen,

im Sinne von Michael Schmidt-Salomon, dessen Bücher ich allen noch denkfähigen Politikern, sowie allen Menschen mit gesundem Menschenverstand wärmstens empfehlen möchte.

Anhand meiner Bestandsaufnahme kann man sehen, wie unser Dreigestirn Industrien, Politik und Kirchen ihre Macht über uns ausüben und was wir für diese drei sind, nämlich nur eine Herde von Melkkühen, um die Mittel zu erarbeiten, welche diese dann nach Gutdünken unter sich aufteilen können.

An dieser Stelle möchte ich zu dem schlimmsten und damit teuersten Industriezweig, den es auf der Erde gibt, kommen, nämlich der Rüstungsindustrie. Deren weltumspannende Lobby verschlingt mit Abstand die meisten Finanzmittel aller Nationen und das nur deshalb, weil uns diese Industrie ständig einimpft, dass wir Feinde haben, die uns bedrohen und wenn man dies allen Ländern einredet, kann man ständig Milliardengeschäfte machen und jedes Land fällt darauf rein. Die Zeiten der Kriege sollten jetzt endgültig vorbei sein, da die Menschheit begriffen hat, dass uns dies nicht weiterbringt und nur der Waffenindustrie nutzt, aber uns allen schadet. Die vielen sinnlos gestorbenen Menschen, welche die Waffenindustrie auf dem Gewissen hat, sollten uns Mahnung genug sein dafür, dass wir uns alle auflehnen gegen die Kriegshetze in allen Staaten der Erde. Diesem Gedankengut der Kriegstreiber, ob mit rassistischen oder nationalistischer Motivation, muss der Humanismus entschieden entgegentreten.

Was ist am Humanismus besser als an Religion?

Was ist an Humanismus besser als Religionen? Antwort: **Alles**, Humanismus vereint die gesamte Menschheit, Religion spaltet die Menschheit, Humanismus fordert keinen Gehorsam und keine Gelder von den Menschen, es müssen keine Rituale oder Versammlungen besucht werden, jeder kann frei seine Meinung äußern ohne Repressalien befürchten zu müssen, im Humanismus arbeiten alle daraufhin die Menschheit in Frieden zu vereinen, es wird keine Hungersnöte mehr geben, niemand wird mehr unterdrückt, die Armen müssen nicht mehr unter Armut leiden, die Reichen nicht mehr unter Langeweile und Armutsängsten, viele Milliarden von Geldern, welche die Kirchen noch an sich binden, könnten für diesen Ausgleich sorgen und die erpresserische Macht der Kirchen wäre gebrochen. Wahre Humanisten haben keinerlei Ambitionen, Reichtum anzuhäufen, sondern sind glücklich wenn alle Menschen ohne Angst und Nöte ihr Leben auf diesem einmaligen Planeten in Würde verbringen können. Dies zu erreichen, ist seit dem klassischen Altertum der griechischen Philosophie und des Humanismus das Ziel des jetzigen neuen Humanismus. Je mehr Menschen diese Ziele erreichen wollen und sich deshalb dem Humanismus verschreiben, desto schneller wird dies realisiert werden können.
Ich weiß, das klingt utopisch, ist aber durchaus machbar, wenn die Aufklärung der Menschheit global gelingt und

dazu sind jetzt mit der Technik des weltumspannenden Internetzes die Möglichkeiten gegeben, so sehe ich als Hindernis nur den Widerstand der, dem Dreigestirn der Macht angehörigen Industrie, Politik und Religionen an. Primär muss diese Macht gewaltfrei, mit der Macht der Überzeugung gebrochen werden. Diese drei kommen auf lange Sicht nicht umhin, die Notwendigkeit eines grundlegenden Wechsels der bestehenden Verhältnisse zu akzeptieren, endloses Wachstum gibt es nicht!

Die Menschheit ist gezwungen, sich von Scharlatanerie und Habgier zu verabschieden und der Realität und der Einsicht der Notwendigkeiten Tribut zu zollen.

Ist die Religions- Glaubenspest erst einmal endgültig beseitigt, kann sich der humanistische Mensch, mit Wissen um die dringlichsten Probleme des Umweltschutzes, weltweit kümmern und die Ressourcenverschwendung eindämmen. Die Gesamtbevölkerung der Erde hat momentan noch ein erhebliches Defizit an Wissen über die realen Mängel der Erde. Diese wird von den Religionen wissentlich dumm gehalten, um besser manipulierbar zu sein, damit MUSS Schluss gemacht werden, wenn die Menschheit eine bessere Zukunft haben möchte.

Die dazu notwendigen Aspekte habe ich ausführlich behandelt, es liegt nun an uns, diese Visionen zu verwirklichen.

Ich bin der festen Überzeugung, dass allein dies der richtige Weg für die gesamte Menschheit ist und mit gelebten Humanismus das Ruder herumgerissen werden kann.

Es ist eine Binsenweisheit aller Seefahrer seit Anbeginn, dass man auf einem sinkenden Schiff Ballast über Bord wirft, um damit das endgültige Versinken noch zu verhindern oder es wenigstens bis zu einer Insel steuern zu können.

Genau das ist es, was der Humanismus fordert, überflüssigen Ballast abwerfen und sich um die lebenswichtigen Dinge auf Erden kümmern. Dazu rechne ich alle Religionen weltweit, sowie alle Sekten und Geheimbünde und was sonst noch an unsinnigen Organisationen auf der Welt herumgeistert.

Ich habe den Eindruck, dass sich einige Politiker und Industriezweige schon in die gewünschte Richtung bewegen, da einige erkannt haben, dass es so nicht weitergehen kann. Einer der vernünftigsten Schritte wäre z.B. der forcierte Ausbau der Solar und Windkraft gestützten, Herstellung von Wasserstoff, um endlich diese Atmosphären-killer Verbrennungsmotoren abzulösen mit dieser Umweltneutralen Technik. Damit wäre auch der zunehmenden Erderwärmung Paroli geboten. Je schneller die Industrie dahingehend reagiert, desto besser für die Umwelt, welche lange genug aus Habgier vergiftet wurde.

Ebenso muss sich unsere Energiewirtschaft schnellstmöglich um Alternativen bei der Stromerzeugung kümmern, die momentanen Zeiträume für eine gravierende Änderung sind viel zu weit gesteckt und sollten nochmals überdacht werden.

Die momentane Pandemie hat uns, anhand des rigiden Lockdowns weltweit gezeigt, dass sich die Natur, von der alle Lebewesen abhängig sind, relativ schnell erholt, wenn nicht permanent alles auf Hochtouren läuft.

Auch hat die Corona Krise gezeigt, dass genügend Finanzmittel zur Verfügung gestellt werden können, wenn es nötig ist.

Mit dem von mir vorgeschlagenen langfristigen Abbau der subventionierten Religionen könnte man derartige Krisen leichter stemmen, auch wäre genug Geld vorhanden, um Lehrer, Erzieher, Pflegepersonal und Rentner so auszustatten, wie es ihnen gebührt. Wenn ich bedenke, dass ein Krankenpfleger ca. 12-13 hundert Euro Nettoverdienst hat und das bei einer verantwortungsvollen Arbeit mit vielen freiwilligen Überstunden und dem gegenüber ein popeliger Dorfpfarrer, der sich kaum überarbeitet, ein Nettoeinkommen von ca. 5000,00 Euro monatlich „verdient" und dazu noch Wohnung und Haushälterin bezahlt bekommt, so finde ich Gerechtigkeit sieht anders aus, zumal wir dessen Gehalt, ausnahmslos alle, von unseren Steuern bezahlen.

Dies ist aber im Vergleich zu den weltweit beschriebenen Problemen nur ein marginales Problem, wichtiger und entscheidender sind die grundlegenden Probleme, unter denen die Erde leidet und diese sind einfach nur hausgemacht, da besteht dringlichster Handlungsbedarf und da müssen wir alle daran arbeiten die Fehler der Vergangenheit zu korrigieren.

Wenn sich die Mehrheit der Menschen auf der Erde Friede, Freiheit und Menschenrechte wünschen, also ein Leben ohne Hunger, ohne Angst, ohne Flucht, weshalb ist das dann nicht so, weil alle Industrien, allen voran die

Rüstungsindustrie, über die von ihnen gelenkten Politiker, dies mit allen Mitteln zu verhindern wissen. Damit ist die Mehrheit der Bevölkerung nur ein Spielball der Mächtigen, solange wir das nicht begreifen und nicht merken, dass **wir** eigentlich die Mehrheit sind und deshalb die absolute Macht besitzen könnten.

Diesen Weg zu gehen ist m.E. unabdingbar, wenn die Spezies Homo Sapiens eine Überlebenschance haben soll. Dies betrifft letztendlich auch die Verursacher der weltweiten Probleme, welche davon genauso betroffen werden wie wir alle. Niemand ist eine Insel, wir sind alle nur eins: Menschen.

Auch diejenigen, welche zu dem Dreigestirn der Macht gehören, nämlich, Industrielle, Politiker und Geistliche, auch die sollten umdenken, ob ihr Weg auf Dauer noch tragbar ist, oder ob sie nicht doch besser den Weg des Humanismus gehen sollten. Auch diese Menschen können letztendlich nur eines, nämlich in Frieden und Wohlstand leben, so wie wir alle es möchten.

Damit möchte ich die Trilogie meiner 3 Bücher mit den Titeln.

<Wege zu unser aller Befreiung>
< Religionen die Sackgasse der Menschheit>
und dieses Buch <**Humanismus statt Religionen**>,
abschließen und allen Lesern mit auf den Weg geben:
kümmert euch darum!